COLLECTION

DE

M. JEAN PSICHARI

(Ancienne Collection MARJOLIN-SCHEFFER)

DESSINS

PAR

EUGÈNE DELACROIX

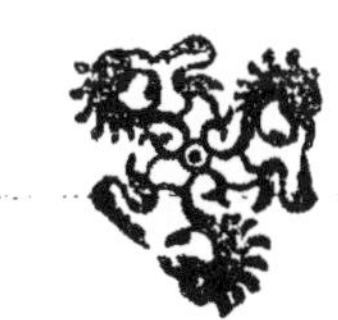

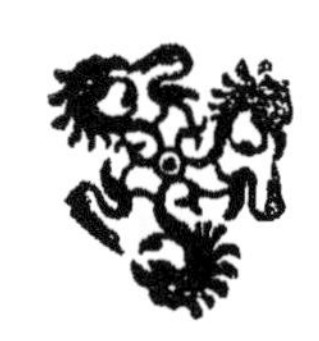

DESSINS

PAR

EUGÈNE DELACROIX

CONDITIONS DE LA VENTE

Elle sera faite au comptant.

Les acquéreurs paieront *dix pour cent* en sus des enchères.

Paris. — Imp. Georges Petit, 12, rue Godot-de-Mauroi. — 21427-11.

CATALOGUE

DE

130 DESSINS

PAR

EUGÈNE DELACROIX

COMPOSANT LA

Collection de M. JEAN PSICHARI

(Ancienne Collection Marjolin-Scheffer)

ET DONT LA VENTE AUX ENCHERES PUBLIQUES AURA LIEU

GALERIE GEORGES PETIT

8, Rue de Sèze, 8

Le Mercredi 7 Juin 1911, à 2 heures

COMMISSAIRE-PRISEUR

Me F. LAIR-DUBREUIL

6, rue Favart, 6

EXPERT

M. GEORGES PETIT

8, rue de Sèze, 8

EXPOSITIONS

Particulière : Les Samedi 3, Dimanche 4 et Lundi 5 Juin 1911, de 10 heures à 5 heures 1/2.

Publique : Le Mardi 6 Juin 1911, de 10 h. à 5 h. 1/2.

Le présent Catalogue servira d'entrée à l'Exposition particulière.

PREFACE

Tandis que j'examinais un à un, l'autre matin, tous les morceaux d'art que le Dr René Marjolin, le gendre d'Ary Scheffer, avait acquis aux ventes de l'atelier Delacroix, il me sembla bien que j'avais subitement, sous les yeux, l'expression sinon la plus complète, du moins la plus discrète du génie du maître [1]. Certes, les grandes œuvres décoratives de Delacroix et ses peintures sont des réalisations magnifiquement complexes de son art, de son idéal, du monde qui s'agitait en sa pensée toujours inquiète; mais les dessins, les croquis, les bouts d'aquarelles qu'il fit tout au long de sa carrière portent en eux cette palpitation intime qui nous livre sans réticence le secret d'un art et aussi le secret d'un artiste.

Baudelaire a dit :

« Un dessinateur-né observe dans la nature immobile ou mouvante de certaines sinuosités, d'où il tire une certaine volupté, et qu'il s'amuse à fixer par des lignes sur le papier, exagérant ou diminuant à plaisir leurs inflexions. Il apprend ainsi à créer le galbe, l'élégance, le caractère dans le dessin. »

D'autre part, Delacroix disait lui-même :

« Puisque je considère l'impression transmise à

1. Ces beaux dessins se trouvent aujourd'hui en la possession de M. et de Mme Jean Psichari, à qui les avait légués Mme Marjolin, cousine de Mme Ernest Renan.

l'artiste par la nature comme la chose la plus importante à traduire, n'est-il pas nécessaire que celui-ci soit armé à l'avance de tous les moyens de traduction les plus rapides ? »

Or, quel procédé plus rapide pour ces notations que voulait Delacroix, que d'apprendre par cœur la nature par une incessante interrogation des choses qui s'offraient à son regard et à sa pensée ? Tout ce qui le frappait par la couleur, la forme, le volume, la ligne, avait son écho dans sa raison en éveil, dans son organe de réflexion qui était comme un récepteur des caractères. Et c'est pourquoi, dans la série de dessins et d'aquarelles qui vont passer en vente publique, c'est toute la carrière du maître qui défile en ses étapes diverses et aussi toutes les influenses de la pensée extérieure et collective qui ont certainement pesé sur sa mentalité : ici le culte renaissant du génie de Shakespeare, là l'entraînement byronien ; par suite, l'étude des drames de Schiller et de Gœthe et du génie allemand ; plus tard, la curiosité de la foi musulmane, au Maroc, en Algérie et en Orient ; puis, l'introduction d'un élément littéraire du concept dans les grands travaux décoratifs du Palais Bourbon, du Palais du Luxembourg et de l'Hôtel de Ville ; puis, l'évolution religieuse qui amena l'interprétation de certains drames racontés par les livres sacrés, et aboutit à la grande décoration de la chapelle des Saints-Anges à Saint-Sulpice ; enfin, les études purement réalistes faites au Museum et au Jardin des Plantes, soit devant les vitrines de documents ostéologiques, soit devant les carcères des fauves. Chez Delacroix, le moyen âge et la barbarie, et aussi la Renaissance, mines successives exploitées par le romantisme, devaient fournir une large contribution à son œuvre : il y puisa donc, non pas en réaliste, mais en rationaliste, qui y trouve les termes de son expression vivante. Un réel concret lui eût paru trop étroit et trop mesquin. Ce qu'il lui fallait, c'était l'idéal susceptible d'infini ; mais, pour arriver à cet infini, il avait besoin d'asservir à sa pensée le vocabulaire graphique qui lui fournissaient les formes, et c'est pourquoi il a tant dessiné.

C'est encore Baudelaire qui nous dit :

« Delacroix, après avoir consacré les heures de la journée à peindre...., aurait jugé cette journée mal remplie, si les heures du soir n'avaient pas été employées, au coin du feu, à la clarté de la lampe, à dessiner, à couvrir le papier de rêves, de projets, de figures entrevues dans les hasards de la vie, quelquefois à copier des dessins d'autres artistes dont le tempérament était le plus éloigné du sien ; car il avait la passion des notes, des croquis, et il s'y livrait en quelque lieu qu'il fût. »

En effet, tout ce qu'il voyait, tout ce qui frappait son regard avait son retentissement sur sa sensibilité ; et ce retentissement, trouvant une sensibilité profondément saine et lucide, et précise, se traduisait avec une originalité constante ; la chose vue, quand il s'agissait d'une composition, n'était plus simplement rapportée sur le papier ou sur la toile, elle était interprétée par l'âme où elle s'était réfléchie, et c'est dans le chemin de cette réflexion qu'elle perdait de sa crudité, de son absolutisme réel, pour s'envelopper d'idéal, pour s'éclairer de ce je ne sais quoi qui nous hausse hors du terre à terre, et fait s'élargir devant nos yeux les horizons sans limites de la pensée.

Quand on a pénétré ainsi le sens du génie de Delacroix et qu'on l'a suivi à travers la formidable production qui constitue son œuvre, on ne s'étonne plus du grand nombre de feuillets qu'il a laissés; on ne s'étonne plus surtout de l'intérêt constant qui s'attache à chacun de ces feuillets; on en a la preuve en étudiant tous les dessins, croquis et aquarelles qui font partie de la collection du Dr Marjolin.

« Qu'on ne soit donc surpris, écrivait Philippe Burty, au lendemain de la mort du maître, ni du nombre, ni de la perfection des études d'Eugène Delacroix, d'après la nature, d'après l'antique, d'après les maîtres de toutes les écoles, de ses projets de compositions, de ses variantes, de ses recherches incessantes dans les manuscrits ou dans les recueils gravés, de ses croquis faits à tout instant et avec la plus surprenante intelligence de la forme, du mouvement et de la couleur, en Angleterre, au Maroc, en France, dans les musées et dans les bibliothèques, dans l'atelier, au théâtre, dans la rue. Qu'on étudie ses dessins à la plume et au crayon, ses calques successifs et toujours plus près de la perfection, à l'aide desquels il observait sa pensée, et corrigeait son ébauche.... C'était comme une gymnastique sévère qu'il imposait sans relâche à son intelligence, à ses yeux, à son crayon, à son pinceau, et à laquelle il dut l'abondance sereine de ses compositions, et leur charme, et leur éclat. »

Dans le catalogue qui va suivre, nous avons relevé souvent les indications autographes écrites par le maître autour de ses dessins, mais il n'y a pas que des indications de couleurs; il s'y trouve parfois un mot, une phrase qui n'a aucun rapport avec le dessin occupant le feuillet, et qui apparaît comme une étoile vagabonde dans un ciel dont la cosmographie serait déterminée. C'est que, tandis que la main et l'œil travaillaient, la pensée, chez Delacroix, avait un extraordinaire besoin d'activité multiple. M. Piron, qui fut l'ami dévoué du peintre et son exécuteur testamentaire, nous a expliqué tout cela dans le livre qu'il a consacré à Delacroix.

« Il traçait, a-t-il dit, sur des albums, sur des feuilles volantes, ou sur des papiers à dessin, des notes et des pensées de toute sorte. Dans ses voyages ou dans la solitude de son atelier, il reportait ses méditations sur son art et en même temps sur certains problèmes de la destinée humaine. Un rapprochement, une remarque, une réflexion traversait sa pensée, et aussitôt il griffonnait à la hâte, sur le premier débris de papier venu, quelques mots rapides et vifs que peut-être il voulait employer plus tard, et que souvent il n'a plus revus. »

Il faut me borner. Les lignes qu'on vient de lire suffisent à préciser l'intérêt qui s'attache au moindre feuillet du maître. Dans la collection qui va être dispersée, on remarquera, à côté des dessins que Delacroix a utilisés pour ses œuvres définitives, toute une série de ces feuillets « qu'il n'a plus revus », suivant le mot de M. Piron, et ce sera, pour les amateurs qui vont se les disputer, une bonne fortune que de pouvoir obtenir aux enchères quelques-uns de ces feuillets précieux, que le maître a exécutés en y faisant, avec tant de prodigalité, dépense de lui-même.

L. Roger-Milès.

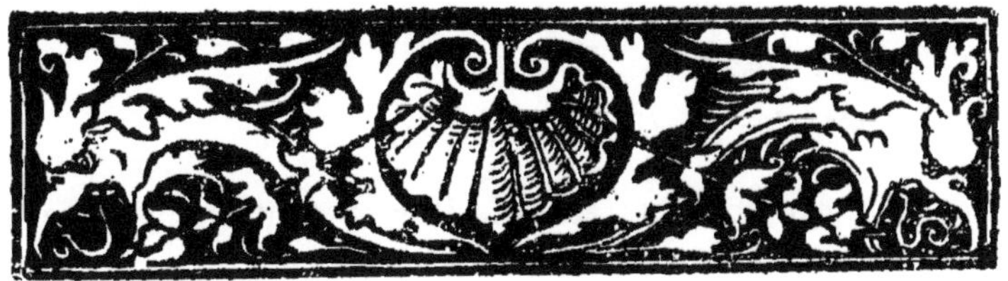

Désignation

LES FAUVES

1 — *Étude de lionnes.* 255 Schoeller

Les deux principales figures sont une lionne couchée, vue de profil à gauche, et une lionne debout, vue de profil à droite.

Le feuillet contient encore deux autres croquis.

Dessin à l'encre de Chine et lavis de sépia sur papier blanc.

A droite, en bas, monogramme de la vente.

Haut., 18 cent. ; larg., 21 cent.

2 — *Études de lionnes et de tigres marchant.* 65 Raynal

Dans le haut, à droite, une tête de tabarin.

Dessin à la plume sur papier crème.

Monogramme de la vente à droite, en bas.

Haut., 21 cent. 1/2 ; larg., 34 cent.

3 — *Études de lions couchés.*

Au dos du feuillet, il y a toute une série d'études de lionnes assises et couchées, et de très intéressants croquis d'ostéologie.

Dessin à la plume sur papier blanc.

Monogramme de la vente à droite, en bas.

Haut., 23 cent.; larg., 36 cent.

4 — *Études de lions.*

Au verso du feuillet, études de lions rugissant et de cheval.

Dessin à la plume sur papier blanc.

Monogramme de la vente à droite, en bas.

Haut., 22 cent.; larg., 33 cent.

5 — *Lions et lionnes marchant.*

Ils sont représentés de profil.

Dessin à la plume sur papier blanc.

Monogramme de la vente à droite, en bas.

Haut., 21 cent.; larg., 27 cent.

6 — *Études de lionnes.*

Expressions diverses de lionnes au repos ou furieuses.

Croquis à la plume sur papier maïs.

Signé du monogramme de la vente.

Haut., 19 cent. 1/2; larg., 31 cent.

7 — *Lionne aux aguets.* 700

La bête est ramassée sur ses pattes et rentre la tête dans les épaules : elle baisse les oreilles : 360 elle guette, elle va bondir sur une proie.

Dessin à la plume avec reprises de lavis de Laurent sépia sur papier blanc.

A gauche, vers le bas, le monogramme de la vente.

Haut., 17 cent. ; larg., 27 cent. 1/2.

8 — Dans un même cadre :

1° *Lionne couchée,* de profil à droite, les deux 280 pattes de devant agrippées au sol, la gueule ouverte et rugissant. Thibaut

2° *Lionne assise* sur son arrière-train et vue de profil à droite, avec une expression d'attention menaçante.

Deux feuillets dessinés à la plume sur papier blanc.

Monogrammes de la vente.

Haut., 8 cent. 1/2 ; larg., 16 cent. 1/2.
Haut., 12 cent. ; larg., 18 cent.

9 — *Étude de têtes de lionnes rugissant.* 90

Dessin à la plume sur papier vergé crème. Schoeller

Monogramme de la vente.

Haut., 28 cent. ; larg., 19 cent.

10 — *Lion couché.*

Il est vu de profil à gauche, couché sur ses 70 pattes, la tête relevée, majestueux et calme.

Dessin à la plume sur papier blanc. Quelques Schoeller frottis d'aquarelle à gauche.

Monogramme de la vente.

Haut., 12 cent. ; larg., 20 cent.

11 — *Lion menaçant.*

Il est vu de profil à gauche; il marche avec calme, mais il tourne la tête et son regard, ainsi que le rictus de sa lèvre, semble chargé de courroux.

Dessin à la plume avec reprises d'encre de Chine sur papier blanc.

Monogramme de la vente.

Haut., 19 cent.; larg., 23 cent.

12 — *Études de lionceaux.*

Dessin au crayon sur papier crème, avec reprises d'encre de Chine.

En haut du feuillet, quatre lignes écrites de la main de Delacroix.

Monogramme de la vente à droite, en bas.

Haut., 21 cent.; larg., 33 cent. 1/2.

13 — *Lionnes couchées ou assises.*

Dessin au crayon sur papier crème.

Monogramme à droite, en bas.

Haut., 17 cent. 1/2; larg., 28 cent.

14 — *Lion couché et lionne marchant.*

Sur le même feuillet, il y a une étude de pattes et de cuisses.

Dessin au crayon, sur papier vergé blanc.

Monogramme de la vente, à droite, en bas.

Haut., 22 cent.; larg., 33 cent.

15 — *Étude de lion et de lionne.*

Les deux fauves sont représentés de profil à gauche, et arrêtés.

Sur le même feuillet, à gauche, il y a un croquis de lion couché et d'une tête de lionne la gueule ouverte.

Dessin au crayon, sur papier vergé crème.

Signé en bas, du monogramme de la vente.

Haut., 17 cent.; larg., 28 cent.

16 — *Étude de lionnes et de têtes de lionnes rugissant.*

De profil à gauche.

Dessin au crayon, sur papier crème.

Monogramme de la vente.

Haut., 19 cent. 1/2; larg., 29 cent.

17 — *Études de lionnes furieuses.*

Dessins à la mine de plomb, sur papier blanc vergé.

Monogramme de la vente, à droite, en bas.

Haut., 25 cent.; larg., 39 cent. 1/2.

18 — Sous un même verre.

1° *Études de tigres et léopards.*

Croquis de têtes à la mine de plomb, sur papier crème.

Monogramme de la vente, en bas, au milieu.

Haut., 22 cent. 1/2; larg., 17 cent. 1/2.

2° *Étude : masque de lion.*

Croquis à la mine de plomb, sur papier mastic Monogramme de la vente, à droite, en bas

Haut., 11 cent.; larg., 19 cent.

3° *Têtes de lionnes*, de profil.

Dessin à la plume, sur papier crème.
Monogramme de la vente, à droite, en bas.

Haut., 10 cent. 1/2; larg., 16 cent. 1/2.

19 — Sous un même verre.

1° *Étude de lion*, de profil à droite.
2° *Étude de lionne couchée*, de profil, à droite, *et de lionne assise sur son arrière-train.*

Deux dessins à la mine de plomb, sur papier blanc, et portant en bas, l'un à droite, l'autre à gauche, le monogramme de la vente.

Haut., 12 cent. 1/2; larg., 20 cent.

20 — *Études de lions et de tigres aux aguets.*

Dessin à la mine de plomb, sur papier blanc.
Monogramme de la vente.

Haut., 18 cent. larg., 28 cent.

21 — *Études de lionnes couchées et de lion guettant une proie.*

Dessin à la mine de plomb, sur papier crème.
Monogramme de la vente.

Haut., 19 cent.; larg., 29 cent. 1/2.

22 — Sous un même verre.

1° *Étude de lionne et de cheval.*

2° *Lionne couchée.*

Deux feuillets de croquis à la mine de plomb, sur papier blanc.

Portant tous deux le monogramme de la vente.

Chaque feuillet mesure :
Haut., 12 cent. 1/2; larg., 20 cent.

23 — *Étude de lionnes marchant.*

Têtes d'expression.

Au verso, deux autres têtes.

En bas du feuillet, quelques lignes du maître définissant son « allégorie de la gloire ».

Dessin à la mine de plomb, sur papier blanc vergé.

Monogramme de la vente.

Haut., 24 cent.; larg., 27 cent.

24 — *Lion couché, au repos.*

Il est couché sur ses pattes, de profil à gauche, et il tourne sa tête de face : il est calme, réfléchi et grave.

Dessin à la mine de plomb, sur papier blanc, avec reprises d'encre de Chine, et lavis de sépia.

A droite, en bas, le monogramme de la vente.

Haut., 23 cent.; larg., 33 cent.

25 — *Études de lion et de lionne blessés.*

La lionne, de profil à droite, l'arrière-train écrasé ; le lion de dos, écrasé sur son arrière-train, et détournant la tête.

Dessin à la mine de plomb, sur papier blanc.

Monogramme de la vente, au milieu, en bas.

Haut., 16 cent. 1/2; larg., 22 cent.

DESSINS ET ÉTUDES

Pour les grandes compositions.

26 — *Jésus-Christ et saint Thomas.*

Dessin à l'encre de Chine, sur papier blanc. Monogramme de la vente, à droite, en bas.

Haut., 24 cent.; larg., 19 cent.

Première recherche de mouvement pour le tableau qui porte ce titre.

27 — *Figures antiques.*

D'après une planche de Monfaucon.
Dessin au crayon sur papier blanc.
Monogramme de la vente, à gauche, en bas.

Haut., 26 cent. 1/2; larg., 39 cent. 1/2.

28 — *Le Serpent python.*

Dessin au crayon sur papier crème.
Monogramme de la vente, en bas, à droite.

Haut., 31 cent. 1/2; larg., 25 cent.

Recherche pour le plafond de la galerie d'Apollon.

29 — *Dante et Virgile.*

Dessin au crayon, sur papier blanc vergé.
Monogramme de la vente, à gauche, en bas.

Haut., 25 cent; larg., 38 cent.

Recherche pour le groupe d'Homère (coupole de la bibliothèque du palais du Luxembourg).

30 — *Hydre à plusieurs têtes.*

Trois dessins au crayon, sur papier maïs.
Monogramme de la vente, à droite, en bas.

Haut., 15 cent.; larg., 33 cent.

Figure qui se trouve dans le plafond de la galerie d'Apollon.

31 — *Étude pour l'hydre.*

Dessin au crayon, sur papier blanc vergé.
Monogramme de la vente, à droite, en bas.

Haut., 34 cent.; larg., 20 cent. 1/2.

Recherche pour une figure du plafond de la galerie d'Apollon.

32 — *Groupe de personnages, écoutant un homme debout, qui parle et lève le bras droit.*

Dessin au crayon, sur papier blanc vergé.
Monogramme, à gauche, en bas.

Haut., 24 cent. 1/2; larg., 34 cent.

Étude pour la coupole de la bibliothèque du palais du Luxembourg (Caton, Portia et Marc-Aurèle).

33 — *Ajax dans sa tente.*

Dans le bas, à droite, une indication d'Ovide et de théâtre grec.

Dessin à la mine de plomb, sur papier blanc vergé

Monogramme de la vente, à droite, en bas.

Haut., 29 cent.; larg., 25 cent.

(D'après d'anciens documents d'archéologie.)

34 — *Torse d'homme nu.*

De trois quarts à droite, les bras ployés, la main gauche retenant une branche sur son épaule gauche.

Dessin à la mine de plomb, sur papier vergé.

Monogramme de la vente, en bas, à droite.

Haut., 23 cent.; larg., 23 cent.

Étude de figure pour une des coupoles de la bibliothèque du Palais-Bourbon.

35 — *Études de bras et d'épaule.*

Dessin au crayon, sur papier crème.

Monogramme de la vente, au milieu, en bas.

Haut., 23 cent.; larg., 35 cent.

36 — *Étude d'homme.*

De profil à droite, la main droite crispée, le bras ployé.

Dessin à la mine de plomb, sur papier vergé.

Monogramme de la vente.

Haut., 30 cent.; larg., 23 cent.

Recherche pour les figures qui se trouvent dans un des tympans du salon de la Paix (Hôtel de Ville de Paris).

37 — Croquis pour une partie de la coupole du Luxembourg.

Dessin à la mine de plomb, sur papier blanc vergé.

Signé du monogramme de la vente.

Haut., 20 cent.; larg., 32 cent.

38 — Recherches de mouvements pour la plafond de la Galerie d'Apollon.

Dessin à la mine de plomb, sur papier crème.

Monogramme de la vente.

Haut., 17 cent.; larg., 26 cent.

39 — *Adam et Eve chassés du paradis terrestre.*

Dessin à la mine de plomb, sur papier maïs.

Monogramme de la vente, à droite, en bas.

Haut., 25 cent.; larg., 19 cent.

Autre indication de mouvement pour le pendentif de la bibliothèque du Palais-Bourbon.

Décrit par Robaut (nº 855).

40 — Croquis pour *Adam et Eve chassés du paradis terrestre.*

Dessin à la mine de plomb, sur papier blanc vergé.

Daté en bas : *19 décembre 59.*

Monogramme de la vente, au milieu, en bas.

Haut., 24 cent.; larg., 39 cent.

Première indication de composition pour le pendentif de la bibliothèque du Palais-Bourbon.

41 — Recherches de mouvements et de compositions pour la coupole de la bibliothèque du palais du Luxembourg (groupe principal : Homère et Socrate).

Dessin à la mine de plomb, sur papier vergé blanc.

Monogramme de la vente.

Haut., 24 cent.; larg., 37 cent. 1/2.

42 — *Esquisse d'une chimère.*

Dessin à la mine de plomb, sur papier jaune. A droite en bas, monogramme de la vente.

Haut., 12 cent 1/2; larg., 15 cent. 1/2.

On retrouve cette figure dans le plafond de la galerie d'Apollon.

43 — *Jacob et l'ange.*

Étude pour le grand tableau de l'église Saint-Sulpice (chapelle des Saints-Anges).

Dessin à la mine de plomb, sur papier crème, le haut est cintré.

Monogramme de la vente, à droite, en bas.

Haut., 57 cent.; larg., 36 cent.

44 — *Le Christ sur le lac de Génésareth.*

Dessin portant l'esquissse définitive du tableau catalogué sous le no 1216 dans l'œuvre de Delacroix par Robaut.

Dessin à la mine de plomb, sur papier blanc.

Monogramme de la vente.

Haut., 36 cent. 1/2; larg., 33 cent. 1/2.

VOYAGES EN ORIENT

Algérie et Maroc

45 — *Deux personnages en costumes marocains.* 400

L'un tient un fusil par le canon, la crosse près de son pied; l'autre, les mains aux hanches, porte une veste rose à broderies d'or. Guérin

Aquarelle sur papier crème.

Monogramme de la vente à droite, en bas.

Haut., 20 cent.; larg., 26 cent. 1/2.

46 — *Juives d'Alger, en costume de fêtes.* 170

Toutes les deux sont debout, vues presque de face. Raynal

Aquarelle sur papier blanc vergé.

Monogramme de la vente en bas, au milieu.

Haut., 23 cent; larg., 28 cent.

47 — *Femme d'Alger.*

Elle est assise, vue de face; elle est vêtue d'un costume jaune, et porte une toque jaune également sur ses cheveux qui tombent sur ses épaules. 300 Moreau Nélaton

Aquarelle sur papier crème.

Monogramme de la vente.

Haut., 23 cent.; larg., 29 cent.

48 — *Étude de personnages en costumes du palikare.*

Dessin au lavis d'encre de Chine et de sépia; à gauche du feuillet quelques frottis d'aquarelle; papier blanc.

Monogramme de la vente.

Haut., 16 cent.; larg., 26 cent.

49 — *Barque portant des figures d'Algériens.*

Croquis à la plume, rehaussé de lavis et d'aquarelle, sur papier blanc.

Monogramme de la vente à droite, en bas.

Haut., 20 cent. 1/2; larg., 26 cent.

50 — *Types algériens.*

Dessins au crayon sur papier crème vergé, daté à gauche, en bas : *29 janvier 56.*

Monogramme de la vente en bas, vers le milieu.

Haut., 21 cent. 1/2; larg., 26 cent. 1/2.

51 — *Personnages marocains causant.*

Deux sont debout, deux sont assis.

Celui qui est vu de face et debout est exécuté à l'aquarelle; les autres sont dessinés à la mine de plomb.

Dessin sur papier crème.

A droite, en bas, monogramme de la vente.

Haut., 29 cent.; larg., 21 cent.

52 — *Plusieurs personnages debout et assis.*

Dessin au crayon avec les fonds teintés de sépia sur papier crème.

Monogramme de la vente, en bas.

Haut., 15 cent.; larg., 24 cent. 1/2.

53 — *Algérien debout.*

Trois dessins, deux figures de face, une figure de profil, à gauche.

Dessin au crayon sur papier crème.

Monogramme de la vente à droite, en bas.

Haut., 18 cent.; larg., 28 cent.

54 — *Vieux schérif le jour du départ.*

Plusieurs croquis d'arabes en burnous, de trois quarts et de profil.

Dessin à la mine de plomb.

Monogramme de la vente en bas, à droite.

Haut., 16 cent.; larg., 21 cent. 1/2.

55 — *Marocain debout.*

Il est vu presque de face, en pied, et tenant fermé de la main gauche son manteau.

Dessin à la mine de plomb, sur papier crème.

Monogramme de la vente à droite, en bas.

Haut., 25 cent.; larg., 18 cent.

56 — *Albanais combattant.*

Deux figures, l'une de face, l'autre vue de dos.

Dessin à la mine de plomb, sur papier crème.

Monogramme de la vente à droite, en bas.

Haut., 33 cent.; larg., 24 cent.

57 — *Algérien assis.*

Il est de trois quarts à gauche, les deux poings sur les cuisses; dans le haut du feuillet une répétition du même dessin, mais les deux mains n'ont plus le même mouvement.

Dessin à la mine de plomb, avec quelques reprises d'encre de Chine, sur papier blanc.

Monogramme de la vente à droite, en bas.

Haut., 36 cent.; larg., 23 cent.

58 — *Études de Marocains debout et assis.*

Dessin à la mine de plomb, avec quelques reprises de plume, sur papier blanc.

Monogramme de la vente.

Haut., 19 cent.; larg., 28 cent.

59 — *Marocain assis sur un sopha.*

Il est vu presque de face, les jambes croisées.

Le dessin porte de la main du maître des indications de couleurs pour son costume.

Dessin à la mine de plomb, sur papier blanc.

Monogramme de la vente.

Haut., 19 cent. 1/2; larg., 22 cent.

DESSINS DOCUMENTAIRES

D'après des manuscrits, des tapisseries, des sculptures funéraires et des recueils archéologiques pour les tableaux d'histoire de Delacroix et ses lithographies.

60 — *Évêque et reître en costume allemand du XVe siècle.*

Autour de chaque figure, il y a des indications de couleurs écrites au crayon par le maître.

Aquarelle sur papier crème.

Monogramme de la vente au milieu.

Haut., 36 cent.; larg., 27 cent. 1/2.

Première recherche documentaire pour l'*Assassinat de l'évêque de Liége.*

61 — *Personnages en costumes du XIIIe siècle.*

L'un d'eux, en surcot sur son armure, est en train de manœuvrer une épée, à deux mains.

Aquarelle sur papier crème.

Monogramme de la vente en bas, vers la droite.

Haut., 19 cent.; larg., 23 cent.

Étude, d'après des documents anciens, pour le carton de la *Bataille de Taillebourg.*

62 — *Personnages, hommes et femmes, en costumes du XVe siècle allemand.*

Dessin à l'encre de Chine et sépia sur papier blanc.

Monogramme de la vente en bas.

Haut., 23 cent.; larg., 18 cent. 1/2.

Recherches pour le *Faust*.

63 — *Dessins de personnages en costumes du XIVe siècle.*

A gauche, profil d'un archevêque suivi d'un chanoine en chape.

Dessin au lavis de sépia et d'encre de Chine sur papier blanc.

Monogramme de la vente.

Haut., 24 cent.; larg., 37 cent.

Étude documentaire pour l'*Assassinat de l'évêque de Liége.*

64 — *Personnages en costumes du temps de Philippe le Bon.*

Dessin à la plume et au crayon sur papier blanc.

Signé à droite, en bas, du monogramme de la vente.

Haut., 20 cent.; larg., 31 cent. 1/2.

Étude, d'après des enluminures, pour une illustration des *Chroniques de France*.

65 — *Études de femmes en costumes du XVe siècle allemand.*

Dessin à la plume sur papier blanc.
Monogramme de la vente en bas, vers la gauche.

Haut., 23 cent.; larg., 18 cent.

Recherches, d'après Dürer, pour les *Chroniques de France.*

66 — *Personnages du temps de Charles VI.*

Dessin à la plume sur papier blanc.
Daté à droite, en bas : *10 mars 1838.*
Monogramme de la vente.

Haut., 22 cent.; larg., 34 cent. 1/2.

Recherches pour une illustration des *Chroniques de France.*

67 — *Personnages en costumes du XVe siècle allemand.*

Dessin au crayon avec les fonds teintés sur papier crème.
Monogramme de la vente au milieu, en bas.

Haut., 20 cent. 1/2; larg., 32 cent.

Étude pour *Faust.*

68 — *Personnages en costumes du XVe siècle allemand.*

Dessin au crayon avec les fonds teintés sur papier crème.
Monogramme de la vente au milieu, en bas.

Haut., 21 cent.; larg., 32 cent.

Études pour *Faust.*

69 — *Hommes d'armes, gentilhomme à cheval et page en costumes moyen âge.*

Croquis au crayon et à la plume sur papier blanc.

Monogramme de la vente à gauche.

Haut., 16 cent.; larg., 22 cent.

Études pour les *Chroniques de France.*

70 — *Personnages du temps de Henri III.*

Dessin au crayon et à la plume sur papier blanc vergé de Hollande.

Monogramme de la vente.

Haut., 24 cent.; larg., 34 cent.

Recherches pour une illustration des *Chroniques de France.*

71 — *Personnages en costumes du XVe siècle : gentilshommes, hommes d'armes, reîtres, serviteurs, servantes.*

Dessin au crayon, avec des fonds de sépia claire sur papier crème.

Monogramme de la vente au milieu, en bas.

Haut., 20 cent.; larg., 32 cent.

Recherches d'après Albert Durer, pour le *Faust.*

72 — *Personnages en costumes du XVIe siècle : Hommes d'armes, cavaliers, gentilshommes, bourgeois, etc.*

Dessin à la mine de plomb, sur papier blanc. Monogramme de la vente en bas, vers la droite.

Haut., 31 cent. 1/2; larg., 21 cent.

Recherches pour une illustration d'épisodes empruntés à *Quentin-Durward*.

73 — *Personnages en costume du XVe siècle allemand.*

Dessin à la mine de plomb, sur papier crème. Monogramme de la vente en bas, vers la droite.

Haut., 20 cent.; larg., 31 cent. 1/2.

Recherches pour le *Faust*.

74 — *Études de reîtres.*

Ce sont des études dans le goût des figures que l'on remarque sur les vitraux allemands du xive siècle.

Dessin à la mine de plomb, sur papier blanc vergé.

Monogramme de la vente.

Haut., 22 cent.; larg., 34 cent.

Études pour le *Faust*.

75 — *Deux figures en costumes du XVe siècle.*

Dessin à la mine de plomb, avec le fond teinté sur papier crème.

Monogramme de la vente, vers le bas.

Haut., 20 cent. 1/2; larg., 14 cent.

D'après Albert Durer, pour *Faust*.

76 — *Figure de chevalier en surcot armorié sur sa cuirasse.*

Dessin à la mine de plomb, sur papier crème. Monogramme de la vente en bas, à gauche.

Haut., 20 cent. 1/2; larg., 14 cent.

Études d'après une ancienne tapisserie pour la *Bataille de Taillebourg.*

77 — *Trois figures de reîtres marchant, deux de profil, l'une de dos.*

Dessin à la mine de plomb, sur papier crème. Monogramme de la vente en bas, au milieu.

Haut., 20 cent.; larg., 25 cent. 1/2.

Recherches de costumes pour le *Faust.*

78 — *Personnages du temps carolingien.*

Dessin à la mine de plomb, sur papier crème. Monogramme de la vente, en bas.

Haut., 17 cent. 1/2; larg., 26 cent.

Recherches d'après des vitraux anciens, pour le carton de la *Bataille de Taillebourg.*

79 — *Croquis de bottes pour les personnages en costumes Louis XIII.*

Dessin à la mine de plomb, sur papier blanc. Monogramme de la vente à droite, en bas.

Haut., 21 cent.; larg. 32 cent.

Étude pour une illustration de *Lucie de Lammermoor.*

80 — *Personnages en costumes de diverses époques, spécialement Louis XIII.*

Dessin à la mine de plomb, sur papier crème. Monogramme de la vente en bas, vers la droite.

Haut., 20 cent. 1/2 ; larg., 32 cent.

Études pour une illustration d'*Ivanhoé*.

81 — *Études pour un gentilhomme, en costume Louis XIII, d'après Abraham Bosse.*

Dessin à la mine de plomb, sur papier blanc. Monogramme de la vente, à droite, en bas.

Haut., 31 cent. 1/2 ; larg., 20 cent.

Étude pour une illustration de *Lucie de Lammermoor*.

82 — *Personnages en costumes du temps de Louis XII.*

Croquis à l'aquarelle sur papier crème.
Monogramme de la vente, en bas, au milieu.

Haut., 22 cent. 1/2 ; larg., 18 cent. 1/2.

83 — *Personnages en costumes et en attitudes de tournoi, des surcots armoriés sur leur cuirasse.*

Il y a des indications de couleurs, écrites au crayon par le maître.

Aquarelle sur papier crème.
Monogramme de la vente, au milieu.

Haut., 31 cent. ; larg., 21 cent.

84 — Dans un même cadre, trois feuillets d'aquarelle :

Au milieu :

Une jeune femme debout, en costume rose et voile blanc, liseré de bleu.

A droite et a gauche :

Deux personnages vêtus de gipons de couleur garnis de fourrures, de chausses, de souliers à la poulaine, etc.

Aquarelles sur papier blanc

Chaque feuillet porte le monogramme de la vente.

Feuillet du milieu : haut., 12 cent. 1/2 ; larg., 9 cent. 1/2.
Feuillets latéraux : haut., 11 cent. 1/2 ; larg., 7 cent.

85 — *Personnage du temps de Henri II, marchant.*

Aquarelle sur papier crème.

Monogramme de la vente, à gauche, en bas.

Haut., 21 cent.; larg., 20 cent.

86 — *L'officier porteur de la masse d'armes.*

Costume du xve siècle.

Aquarelle sur papier crème.

Monogramme de la vente.

Haut., 27 cent.; larg., 19 cent. 1/2.

87 — *Hommes d'armes en surcot, sur l'armure.*

L'un des trois personnages a son surcot brodé d'armoiries.

Le premier des personnages à gauche est un roi en armure de tournoi.

Autour des figures, il y a des indications de couleurs écrites au crayon par le maître.

Aquarelle sur papier crème.

Monogramme de la vente, au milieu, en bas.

Haut., 17 cent. 1/2; larg., 22 cent.

88 — *Personnages en pourpoint; armure de tournoi; arbalète.*

Indications de couleurs écrites par le maître au crayon.

Aquarelle sur papier crème.

Monogramme de la vente, au milieu, en bas.

Haut., 17 cent.; larg., 22 cent. 1/2

89 — *Études de chevaliers en armure, vus de profil.*

L'un d'eux porte le surcot sur son armure.

Indications de couleurs écrites par le maître au crayon.

Aquarelle sur papier crème.

Monogramme de la vente, en bas.

Haut., 17 cent.; larg., 22 cent.

90 — *Personnages du temps de Louis IX.*

Croquis aquarellé, sur papier blanc vergé.

Monogramme de la vente, à droite, en bas.

Haut., 23 cent.; larg., 18 cent. 1/2.

91 — *Les Chevaliers.*

Trois figures de chevaliers en armure et portant l'épée.

Croquis rehaussé d'aquarelle sur papier blanc.

Monogramme de la vente.

Haut., 18 cent.; larg., 22 cent.

Étude pour la *Bataille de Taillebourg.*

92 — *Roi en armure.*

Il porte sur son armure un manteau de pourpre et tient de la main droite l'arme symbolique du commandement.

Aquarelle sur papier blanc vergé.

Monogramme de la vente.

Haut., 22 cent. 1/2 ; larg., 16 cent. 1/2.

93 — *Un Roi carolingien assis et un personnage debout en costume carolingien.*

Indications de couleurs écrites au crayon par le maître.

Aquarelle sur papier crème.

Monogramme de la vente en bas.

Haut., 13 cent.; larg., 20 cent.

Document d'après une miniature de manuscrit.

94 — *Personnages du temps de Philippe le Bon.*

Trois figures, deux de face, une de profil à droite.

Croquis aquarellé sur papier blanc vergé.

Monogramme de la vente en bas.

Haut., 18 cent.; larg., 22 cent. 1/2.

Étude pour les *Chroniques de France.*

95 — *Études de reîtres et de pénitents.*

Dessins à l'ençre de Chine, avec quelques reprises de sépia sur papier chamois.

Monogramme de la vente en bas.

Haut., 22 cent.; larg., 14 cent.

96 — *Tireur à l'arbalète et homme d'armes.*

Dessin à l'encre de Chine et sépia sur papier blanc.

Monogramme de la vente en bas.

Haut., 19 cent.; larg. 12 cent.

97 — *Hommes d'armes debout et études de jambes.*

Dessin à l'encre de Chine et sépia sur papier chamois.

Monogramme de la vente en bas.

Haut., 22 cent.; larg., 14 cent.

98 — *Les Archers.*

Trois dessins : deux de profil et l'un de face.

Dessin à l'encre de Chine, avec reprises de sépia sur papier vergé blanc.

Monogramme de la vente en bas.

Haut., 17 cent. 1/2 ; larg., 26 cent.

99 — *Personnages en costumes du temps de Philippe le Bon.*

Les uns debout, d'autres assis, d'autres penchés en avant.

Dans le coin à gauche, deux études de tête.

Dessin à l'encre de Chine, avec reprises de sépia sur papier blanc.

Monogramme de la vente en bas, à droite.

Haut., 17 cent. 1/2; larg., 27 cent.

100 — *Personnages d'époque carolingienne, en chlamyde.*

Trois études pour les plis du manteau.
Dessin à l'encre de Chine et à la sépia.
Monogramme de la vente, en bas.

Haut., 15 cent.; larg., 24 cent. 1/2.

Études pour les *Chroniques de France.*

101 — *Rois et reines de l'époque carolingienne.*

D'après des statues de cathédrale.
Dessin à l'encre de Chine et sépia sur papier blanc.
Monogramme de la vente, au milieu, en bas.

Haut., 15 cent.; larg., 24 cent.

102 — *Deux évêques, un chevalier du temps de Philippe le Bel, mettant un genou en terre.* — Croquis de page.

Dessin à l'encre de Chine, avec reprises de sépia sur papier blanc bleuté.
Monogramme de la vente, à gauche.

Haut., 29 cent.; larg., 22 cent.

Études pour les *Chroniques de France.*

103 — *Personnages du temps de François II.*

En bas du feuillet, un profil de tête de chien.
Croquis au lavis de sépia et d'encre de Chine sur papier crème.
Monogramme de la vente.

Haut., 28 cent. 1/2; larg., 18 cent. 1/2.

104 — *Croquis de personnages du temps de Henri II.*

Dessin à la plume sur papier blanc. Quelques taches d'aquarelle.

Signé du monogramme de la vente.

Haut., 31 cent. 1/2; larg., 20 cent.

105 — *Hommes d'armes combattant.*

Différents mouvements pour l'épée à deux mains et la rapière; en haut, à droite, sur le feuillet, on lit : *Chapelle de Saint-Étienne, à Westminster.*

Costumes d'Édouard III publiés par la Société des Antiquaires de Londres.

Dessin à la plume et au crayon sur papier crème, avec quelques fonds de lavis de sépia.

Monogramme de la vente.

Haut., 28 cent.; larg., 19 cent.

106 — *Personnages en costumes de l'époque carolingienne.*

L'un de face et gesticulant, les deux autres de profil.

Dessin à la plume sur papier blanc.

Monogramme de la vente en bas.

Haut., 19 cent. 1/2; larg., 24 cent. 1/2.

Étude pour les *Chroniques de France.*

107 — *Étude de personnages de Birmanie.*

Dessin au crayon avec reprises d'aquarelle sur papier blanc.

Monogramme de la vente.

Haut., 24 cent.; larg., 19 cent.

108 — *Figures de rois et de reines.*

D'après un monument funéraire.

Dessin au crayon sur papier crème.

Monogramme à gauche, en bas et de travers.

Haut., 15 cent.; larg., 24 cent. 1/2.

109 — *Personnages agenouillés.*

D'après des monuments funéraires.

L'homme en armure, la femme en long manteau et voile de veuve.

Dessin au crayon et au lavis de sépia et d'encre de Chine.

Monogramme de la vente au milieu, en bas.

Haut., 15 cent.; larg., 24 cent.

110 — *Études de têtes pour une Marguerite.*

Dessin au crayon, sur papier blanc vergé.

Monogramme de la vente au milieu, en bas.

Haut., 33 cent.; larg., 21 cent.

Recherches pour le *Faust.*

111 — *Figures sculptées sur des tombes.*

Dessin au crayon, avec fonds de lavis, papier crème.

Monogramme en bas, au milieu.

Haut., 15 cent.; larg., 24 cent. 1/2.

112 — *Figures du XIVe siècle, relevées sur des sculptures de l'époque ogivale.*

Dessin au crayon, avec fonds de lavis de sépia sur papier crème.

Monogramme de la vente.

Haut., 30 cent.; larg., 24 cent. 1/2.

113 — *Croquis de personnages du IXe siècle.*

D'après une ancienne tapisserie.

Dessin au crayon avec quelques reprises d'aquarelles, sur papier blanc.

Le maître y a inscrit des indications de couleurs.

Monogramme de la vente, en bas.

Haut., 24 cent.; larg., 19 cent.

114 — *Scènes d'exécution en Perse.*

Dessin au crayon, avec reprises d'aquarelle sur papier blanc.

Monogramme de la vente.

Haut., 24 cent.; larg., 19 cent.

115 — *Chevaliers en armures.*

Dessin à la mine de plomb sur papier blanc.

Monogramme de la vente à gauche.
(Quelques taches dans le papier).

Haut., 16 cent.; larg., 21 cent.

116 — *Hommes d'armes en attitudes diverses et actives.*

Dessin à la mine de plomb sur papier chamois. Monogramme de la vente à droite, en bas.

Haut., 32 cent.; larg., 20 cent.

117 — *Croquis de personnages en armures et de femmes en costumes Henri II.*

Il y a des indications du maître autour de ces croquis.

Dessin à la mine de plomb avec reprises de lavis.

Au verso de ce feuillet se trouve un paysage à l'aquarelle, grands arbres, clôture, berges et rivière.

Signé en bas du monogramme de la vente.

Haut., 24 cent.; larg. 29 cent.

118 — *Croquis d'hommes d'armes.*

Dessin à la mine de plomb sur papier crème.

Monogramme de la vente.

Haut., 20 cent.; larg. 15 cent.

119 — *Jacques Ier en armure et Henri IV en pourpoint, tous deux à genoux.*

Dessin à la mine de plomb sur papier crème.

Monogramme de la vente en bas.

Haut., 19 cent.; larg. 13 cent 1/2.

120 — *Études de chevaliers et de personnages assis.* 22

Dessin à la mine de plomb sur papier crème. Schoeller
Monogramme de la vente au milieu.

Haut., 23 cent.; larg., 15 cent. 1/2.

Études pour *Frère Martin et Gaetz de Berlichingen.*

121 — *Hommes d'armes en cuirasse, debout, à cheval ou un genou en terre.* 26 Chéroy

Dessin à la mine de plomb et à la plume, avec reprises de lavis de sépia et d'encre de Chine sur papier crème.

Monogramme de la vente au milieu, en bas.

Haut., 27 cent.; larg., 19 cent.

122 — *Hommes d'armes et joueurs de cornemuse.* 18

Dessin à la mine de plomb, sur papier blanc vergé. Laglenne

Monogramme de la vente en bas.

Haut., 20 cent.; larg., 30 cent. 1/2.

123 — *Une figure de roi de face et une figure de connétable en armure.* 25 Delaunay

Dessin à la mine de plomb sur papier blanc.

Monogramme de la vente en bas.

Étude pour les *Chroniques de France.*

Haut., 23 cent.; larg., 18 cent.

DIVERS

124 — *La console dorée.*

C'est une console de style Louis XV, dont le marbre porte une vasque en porcelaine de Chine. Au fond, un rideau d'une étoffe brochée est en partie relevé sur une porte blanche à filets dorés.

Aquarelle sur papier blanc vergé.

A droite, en bas, monogramme de la vente.

Haut., 15 cent. ; larg., 10 cent.

125 — Intérieur de style ogival primaire.

Dessin à la plume, sur papier gris mastic.

Monogramme de la vente.

Haut., 22 cent.; larg., 16 cent. 1/2.

126 — *Politianus.*

Trois études de tête, de trois quarts et de profil.

Lavis de sépia et d'encre de Chine, sur papier crème.

Monogramme de la vente, en bas, vers la droite.

Haut., 16 cent. 1/2; larg., 30 cent. 1/2.

127 — *Un coin d'atelier.*

Sur une table, près de la fenêtre, il y a des toiles, des livres, des cartons, etc.

Contre le mur sont accrochées des études et une palette.

Lavis de sépia, sur papier crème.

Monogramme de la vente, à droite.

Haut., 18 cent.; larg., 28 cent.

128 — *Tête de femme.*

Elle est vue de face, les paupières baissées, ses cheveux noirs dénoués et tombant sur ses épaules.

Dessin au fusain et crayon, sur papier blanc, avec quelques reprises de blanc.

Monogramme de la vente, à gauche, en bas.

Haut., 40 cent.; larg., 32 cent.

129 — *Portrait de Barra.*

C'est un buste dont la tête est vue de profil à gauche. Sur le socle on lit cette inscription : « Heureux les parents qui élèvent leurs enfants dans l'amour de la patrie. Cette vertu porte en elle sa récompense, et son fruit fait parvenir à l'immortalité. Voyez ce jeune Barra, dont la république honore la mémoire. »

Dessin au crayon, sur papier crème.

Monogramme de la vente.

Haut., 58 cent.; larg., 43 cent.

130 — *Études d'amours ailés supportant un cartouche.*

Dessin à la mine de plomb, sur papier crème vergé.

Signé du monogramme de la vente, à gauche, en bas.

Haut., 21 cent.; larg., 33 cent.

Dessin pour la coupole de la bibliothèque du palais du Luxembourg.

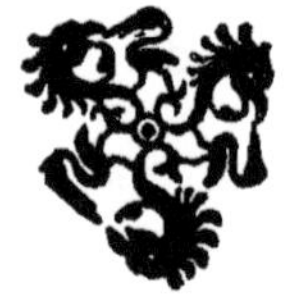

www.ingramcontent.com/pod-product-compliance
Ingram Content Group UK Ltd.
Pitfield, Milton Keynes, MK11 3LW, UK
UKHW020449180726
13839UKWH00004B/1728